JN409093

현絃의 소리

민 훈 기 제4시집

다솜출판사

시집을 내며

‘100세 시대’를 맞이하여 60대 이후를 ‘인생의 황혼기’로 여겼던 인식은 자연스럽게 도태되었고, ‘자신을 위한 삶을 맞이하는 시기, 인생의 새로운 후반기’ 인생 제2막을 맞아, 정년퇴직 후 세상 곳곳을 여행하며 촬영하고 소소한 일상에 행복해하던 나를 시인으로 등단시킨 배우자가 문학 활동하는 곳에 함께 가자고 하여 따라갔다.

문인들을 소개받고 시 공부를 권유받아 다음 해에 시인으로 등단하게 되었다. 등단 경력은 7년으로 짧지만 재작년에 세 번째 시집을 발간하고 금년에 칠순을 맞아 자축하고자 네 번째 시집 『현絃의 소리』를 상재하게 되었다.

『현絃의 소리』는 1996년 가야금의 대가 ‘일파 황병주’ 선생의 호를 따 창단된 ‘일파가야금합주단’이 가야금과 국악 인구의 저변 확대를 위해 공연하는 정기연주회의 주제이다. 지난해 몽골의 야트카yatga 연주자를 초청하여 개최한 정기연주회에 초대받아 공연을 보고 깊은 감명을 받아 ‘현의 소리’라는 시를 쓰게 되었고, 이 ‘현의 소리’를 시집의 제호로 삼게 되었다.

합주단에서는 독자적으로 원래 12현을 가진 가야금을 17현으로 개발해 '일파금'이란 악기를 만들었다. 가야금과는 달리 현絃의 수가 많아 더 다양한 음색을 가진다. 일파가야금합주단 장혜숙 단장은 "우리 합주단에서는 17현과 25현 가야금을 주로 쓰고 있다. 25현 가야금은 줄의 수가 많은 만큼 다양한 소리를 낼 수 있어 외국 민요와 트로트 등을 각색해 새로운 느낌으로 곡을 연주하고 있다"고 말했다.

합주단이 국악의 소리로 관객들에게 감동을 주듯, 현의 소리를 시로 작품을 만들어 독자들에게 감명을 주고, 아름다운 세상을 만드는데 조금이나마 기여하고 싶다.

환갑이 지난 나이에 뒤늦게 시인으로 등단하여 젊어서의 전공과는 전혀 다른 부부가 함께 시인의 길을 걷고 있다. 또한 늦깎이로 한국방송통신대학교 국어국문학과에 입학하여 젊어서 이루지 못했던 캠퍼스 커플의 꿈을 이루고 있다. 또한 연애 시절에 약속했던 늘 신혼 같은 생활을 하자고 해서 결혼한 지 42년이 되는 현재까지 함께 시인으로 사진작가로 활동하며 바늘과 실처럼 함께하고 있다. 둘 중에 한 명이 없으면 사람들이 의아하게 여기며 한 사람 어디 갔느냐고 물어보기도 한다. 이제 인생의 가을을 보내며 겨울이 오기 전에 젊음의 열정을 되새기고 황혼의 사랑을 나누고 싶다.

칠순기념 시집의 상당 부분은 빈손으로 와서 빈손으로 가는 우리네 삶을 어떻게 살아야 하는가에 대해서 많은 고민을 털어 놓았다. 인생 60대가 되면 배운 사람이나 배우지 못한 사람이나 똑같다고 하고, 70대는 아픈 사람이나 그렇지 않은 사람이나 거기가 거기라고 하고, 80대는 돈 있는 사람이나 없는 사람이나 별 차이 없고, 90대에는 산에 누워 있는 사람이나 집에 누워 있는 사람이나 같고, 100세가 되면 저세상에 먼저 간 사람이 형님이라고 한다.

서로 사랑하고 사랑해도 짧은 삶이다. 사람이 세상을 바꾸지만, 책은 사람을 바꾼다. 우리 사회에는 지금 시詩 사랑 열풍이 몰아치는데, 나는 아내와 함께 시와 더불어 건강하게 황혼의 삶을 누렸으면 참 좋겠다.

끝으로 바쁘신 중에도 발문을 써 주신 부산대학교 명예교수이신 최원철 박사님께 감사의 말씀을 드리며 건강과 건필을 기원합니다.

2022년 11월 16일

광안대교가 바라보이는 대연동 서재에서

민훈기 가브리엘

차례

제2부 존재의 의미

제3부 생의 불길

제 1 부

현絃의 소리

사랑이 있어 행복하다

하늘에서 속삭이는 빛나는 별과
아름다운 꽃으로 장식된 땅에서 사는 나
행복이 은혜처럼 내린다

자연과 교감하며 나누는 이야기는
한 알 한 알 시詩가 되어
내 마음을 살찌운다

사랑이 스민 시가 없다면
의미 없는 삶이 되어
삭막하고 황량한 사막을 걷고 있는 것과 무엇이 다를까?

살아 있는 동안
사랑의 향기에 빠져
보람 있게 살아가리라

오늘

오늘이
첫날이자 마지막이 될 수도 있는
날이라면
악한 생각일랑 내면에서 털어내고
선한 생각을 내 마음에 담아 두고 싶다

남은 삶의 첫날이라면
일기장 속에 적어 놓은
버킷 리스트를 꺼내어
아름다운 여정으로 새로운 길을 가고 싶다

오늘까지
연緣을 맺고 있는 모든 이를 기억하고
그들과 풀지 못한 일에 대해서
고백성사를 청請하여 회개하련다

슬픔은
내 가슴을 멍들게 하지만

다음 생에서는
슬픔이 있다면 위로하고
마음 다해 정답게 얘기하고 싶다

파도의 삶에서

어깨춤 추며 밀려드는 파도
모래밭에 하얀 거품을 쏟아부으며
생을 다한다

억겁의 세월에도
죽음과 삶을 넘나드는 파도
태어난 바다를 떠날 수 없다

순한 양처럼 때로는 무소의 뿔처럼
돌진하는 파도처럼
순교자의 신앙은 늘 출렁이고 있다

최남단 마라도 뽀르찌웅꼴라*
끝이 아니라 백두산까지 가는 시작점이 되어
죽음 대신 부활의 삶이 숨 쉬고 있는
순교자의 길
거기에는 언제나 태양 같은 밝은 빛이
가는 길을 비추며 인도하고 있다

* 뽀르찌웅꼴라(portziuncola)는 아무도 돌보는 이 없이 버려진 것을 프란치스코 성인이 수리한 이탈리아 아씨시에 있는 작은 성당

행복한 씨앗

제대로 싹을 틔우기 위해
좋은 땅에 씨앗을 뿌려야 하고
많은 보살핌은 풍성한 열매를 맺게 한다

기름진 말씀이 없는
돌밭에 뿌려진 씨앗
좋은 열매를 맺을 수 없지 않은가?

진리의 말씀을 품고
기름진 밭에서 가꾸고 가꿔
이 세상에 태어난 작은 씨앗일지라도
기쁨이 충만하게 된다

말씀으로 모든 것을 이루시는 당신
만일 당신이 없다면 삶의 의미가 사라지게 되는
나
오늘도 말씀에 귀를 기울이고 있다

내가 찾는 길

복잡하고 다양한 길을 가는데도
행복과 불행이 그림자처럼 따라다닌다

고의로 짓는 죄는
육체에 전율을 느끼게 하지만
쾌락과 두려움을 동시에 가진다

실패와 좌절을 체험하더라도
영적으로 성숙하고 싶은 내 마음

내가 깨끗해지는 그날까지
죄에서 벗어나
예수님과 사랑에 빠지고 싶다

기도의 기적奇蹟

불가능한 현실을 가능케 하는
꿈같은 현실

아침에 눈을 떠서
소소한 일상이라도 영위할 수 있는
이것이 기적이 아니고 무엇일까?

내 욕심이 너무 커서
느끼지 못하겠지만
간절한 기도는 기적을 낳고 있다

기적을 바라는 건
기도하고 있지 않다는 고백일지 모르지만
매일 매일 빠짐없이 기도하는
나 자신 행복에 겹다

예수상 뒤편

예수상이 서 있는
아름다운 성전에는
매일 미사가 봉헌되고 있다

광안대교 너머
마린시티 지나 달맞이 언덕까지
축복을 베푸시는 은혜

장백의長白衣 걸치고
두 팔 벌려 축복하시는
그의 모습이 거룩하다

예수상 뒤편에서
기도하는 내 마음 하늘에 닿으면
주님도 기뻐하며
축복에 임하시겠지

촛불 앞에서

촛대의 촛불이 온몸을 사르며
바람에 너울거리는 성전 안

붉게 타오르는 촛불은
얼어붙은 내 마음을 서서히 녹인다

눈물이 되어
촛대에 흘러내리는
촛농
나의 눈물이 소망의 연기로 피워 올라
하늘에 닿는다

창조자의 소리
정적靜寂 속에 갇혀 버린
침묵처럼 느끼지만
나는 더욱 경건하게 귀를 기울이고 있다

밀알

하나의 작은 씨앗
썩어야 싹이 트고
꽃이 피고 생명의 열매를 맺는다

내 속에 채워진 욕심
남 위해 썩어 없어져야
활짝 열리는 생명의 길이 아닐까

밀알도 그렇고
순교자도 그렇다
그곳에는 예기치 못한 부활이 있기 때문이다

죽어야 사는 밀알같은 신앙으로
좋은 열매를 맺고
일상의 삶을 위해서도 기도를 해야 할 것이다

고리기도

하늘로 뻗어 오르기 위해
마디마디로 받쳐진
연약한 대나무

우리도 하늘나라로 가기 위해
기도로 마디마디로
이어야 겠다

작은 겨자씨가 큰 나무 되어
많은 이들의 쉼터가 되듯
적은 기도라도 끊임없이 이어지는 기도는
영적으로 목마른 나에게 큰 안식처가 된다

개개인이 성화를 이루어
세상의 변화를 일으키는
영적으로 성숙된 삶을 영위케 하는
지속적으로 이어지는 고리기도*를 해야 하지 않을까?

나는 조용히 꿇어앉아
오늘도 내일도 고리기도를 한다

* 고리기도: 여러 사람이 고리처럼 연결되어 끊이지 않고 바치는 기도

빗자루

첫눈이 내리는 소설小雪인데
어쩐지 비가 내린다

뜨겁게 불타던 단풍나무나
화사하게 차려입은 은행나무도
비를 맞아 떨어지는 불쌍한 잎이 아닌가

고즈넉한 산사山寺에
낙엽을 쓰는 스님의 빗자루는
욕망의 찌꺼기도 쓸어내고 있다

한 잎 두 잎 떨어져
낙엽처럼 쌓인 내 욕심
고백성사로 깨끗이 씻어 내련다

사랑의 마음

미사 강론 때마다
하느님 말씀을 듣지만
한쪽 귀로 듣고 흘려보낼 때가 많다
내 마음에 각도를 말씀에 맞추고
경청하면
마음에 와닿는다
새로운 세계를 여실 하느님
영원한 사랑이 피어나는 그곳
생각만 해도 행복하다

현絃의 소리

가야금과 야트카yatga*의 아름다운 소리에
천상에 사는 천사들은
바람을 타고
몽골 대평원 숲에 내린다

천사들과 함께
환희의 춤을 추기 시작하는 숲
사랑의 날개는 대평원을 덮고
멀리서 바라보는 임에게 손짓을 한다

현絃은 점점 온몸으로
천상의 노래를 연주한다
바라는 임의 노래도 함께 어울려
끝없는 초원을 달리고 있다

노래가 지나는 곳마다 숲이 생기고
사랑의 노래도 들려오기 시작한다

현絃은 미움과 질투를 밀어내고
내 마음속을
천상의 노래로 가득 채운다
끝없는 대평원 위에서…

* 야트카(Yatga, 야탁) : 몽골의 장방형의 지터(zither)류 현악기

헛맹세

나의 계획이
뜻대로 되지 않을 때
지키지 못할 맹세가 다시 나를 유혹한다

결정하기 어려운 마음의 갈림길에서
고백성사聖事 때 약속한
서약을 지키지 못할 때가 많다

내일 일을 알지 못하면서
영혼 없는 헛된 맹세에서
나를 꺼내주실 분을 만난다

그분은
도덕도 아닌 양심이라는 묘한 길을
나에게 가르쳐 주셨다

양심이 시키는 대로
한 걸음씩 발길을 옮겨 본다

허무함

현실이 어려울수록
참으려는 환상은 날개를 펴게 되고
요행이라도 바램은 더욱더 커집니다

허무를 망각하는 세상에서
나의 내면을
거울에 비춰봅니다

때로는 너무 답답한 마음에
간절히 바라는 청원 기도를 해도 침묵하시는
하느님을 의심해 보기도 합니다

그렇지만,
하느님은 결코 나를 버리지 않고 품어주실 때
세상의 모든 것이 헛되고 허무함을 깨닫게 됩니다

흔적

지나온 세월을 뒤돌아보면
비 온 땅에 발자국이 남듯
욕심과 애착들의 자취가 남아 있다

오랜 세월에도
남아 있는 탑과 비碑라도 세워
살아 있는 흔적을 남기려 하는데
나는 죽으면 무엇을 남길 수 있을까?

우리나라 최남단 마라도에는
아우의 흔적인 뽀르찌웅꼴라* 가
섬을 찾아오는 이들에게 희망을 주지만

나는 무엇을 남길 수 있을까?
고요히 하늘을 우러러 본다

* 뽀르찌웅꼴라(portziuncola)는 프란치스코 성인이 수리한 이탈리아 아씨시에 있는 작은 성당으로 시詩에서는 마라도성당을 일컬음.

산

산은
늘 그 자리에서
밤에는 달과 별과 속삭이고
낮에는 해님과 구름을 벗삼아
세월을 낚고 있구나

때로는
햇빛과 비와 바람의 사계절을 갈아입고
온갖 만물을 아름다움으로 유혹하고 있구나

너가 그리워 오른 산정
새소리, 물소리, 바람소리가
나를 무념無念의 상태로 이끌고 있구나

설산雪山은 하얀 마음으로
내일을 위하여
부활을 온전히 품고 있구나

다시 태어나고 싶다

내 눈 속에 들보는 보이지 않고
남의 눈 속에 티끌을 살피는
병든 마음

얼마나 아파야 들보를 빼낼 수 있을까?
빛을 따라가며
내면을 성찰하려 애써 본다

믿음을 쌓아가며
신뢰의 바늘로 옷을 여미고
그대를 사랑하련다

잃었던 길을 다시 찾아
이기적인 삶에서
이타적인 삶으로
나부터 시작되는 용서와 관용으로
다시 태어나고 싶다

오늘 하루

내일을 염려하며
어제를 그리워하고 있지만
다시 주어진 하루에 충실하고 싶다

나를 인도하실 이 생각을 하면
소중한 오늘이 어두워져도
어둠도 밝음도 개의치 않는다

그와 함께 걸어가면
모든 곳이 기쁨이요 영광으로 덧입혀져
나를 거듭나게 만드는 여정이 된다

앞서 떠난 신부 요셉이 그리워 올 때
내가 가진 믿음이 부끄럽지만
내딛는 걸음마다 축복을 느낀다

신앙인의 삶

부모로부터 물려받은 믿음이
나를 거쳐 아들딸, 손주들까지
4대째 성가정으로 이어오고 있다

2대째에서 아우는
수도회 소속의 사제가 되어
국토의 최남단 마라도에 성전을 짓고
영원히 사는 하늘나라로 갔다

신앙인으로 행복하고 기뻤지만
때때로 고통을 동반해서 괴로워도
주님의 죽음과 부활에 대한 믿음은
나의 삶에 아름다운 신앙 고백으로 다가온다

신앙인으로 산다는 건
십자가를 짊어지고 자신을 희생하는
내면적 고뇌에도
주님을 닮고자 하는 삶이 아닐까?

잊어버린 것들

당신의 뜻을 등지고
어리석은 삶을 살아온 지난날
불안한 마음이 나를 사로잡아
안타깝고 답답한 시간이 길어질 때
회한과 참회의 나날을 되찾아야 겠다

참다운 삶을 위한 회복의 시간을 찾고자
피정도 해보며 애써 보는 나

닫힌 마음의 문을 열고
당신의 뜻을 따라
기쁨으로 발걸음을 떼고 있다

의인義人

많은 사람
위선과 가식의 혼탁 속에
신을 믿지는 않는지

체면과 자존심을 앞세워
피해 가는 사람들

길 가다 강도 만난 이방인
사제도 레위인도 외면했지만
구해준 천한 사마리아인처럼
사랑을 베풀 수 있을까?

지나온 길이 어떠했는지 돌이켜보며
행함이 없는 믿음을 어디에다 쓸까

부끄러운 삶이 되지 않으려
외로운 길이라도
걸어가련다

진정한 사랑을 본다

짐이 무거워
내가 진 십자가 버리고 싶다

하느님과 나 사이에 놓여 있는 다리가
십자가인 줄을
알고 있지만
실천하기 어려운 고집

일상의 십자가가
아무리 가볍고 무겁다 해도
깨닫지 못한 내 마음
부끄러울 뿐이다

순교자들이나 의인들이 걸어간
십자가의 길
거기에서 나는 위로를 받는다

배낭을 짊어지고

출생부터 죽을 때까지
원죄가 무거워
배낭에 고통을 짊어지고
길을 걷는다

어려움 없이 걷는다면
무엇을 깨달을까
마지막 순간까지 걸머지는
순례의 길이 부럽다

많은 사람 있지만
나 홀로 가는 길
영적 성숙이 기다리는
본향이 그립다

길을 걸으며
비우지 못하고
배낭에 잔뜩 넣고 가는

미움, 원망, 괴로움
모두 다 비워야 할 짐들
나는 끙끙대며
어디에서 비워야 할지
방황을 한다

욕망

사로잡히지 않으려 애쓰지만
숨길 수 없는 욕망에
일탈을 꿈꾸게 된다

상상만 했던 것이
마음 깊은 곳에서
꿈틀대며 요동을 친다

운우지락에서 헤어나지 못하는 충동은
한 줌 흙으로 돌아갈 몸인데도
책임을 강요받는다

사순절에 유혹이 더 많아
수도자의 삶을 묵상하며
부끄러운 욕망을
하느님께 두 손 모아 깨끗함을 빈다

제 2 부

존재의 의미

남은 시간 얼마나 될까

백세 시대에
미수米壽나 백수白壽를 꿈꿔 보지만
내게 남은 시간은 얼마나 될까

아무도 모르는 남은 시간
어떻게 값지게 보내야 할까
나도 모르게 섭섭한 마음을 갖게 한 사람들
용서와 화해를 청하고 싶다

연리지처럼 살아온 아내나
가족에게 못다 한 사랑을 하며
버킷 리스트를
하나씩 지우고 싶다

빈손으로 왔지만
남은 것이 있다면
빚진 이들에게 아낌없이 나눠주고
빈 몸으로 가고 싶다

멈추지 않는 시간

오늘 하루는
금방 사라져 과거가 되고
매일매일 새로운 오늘을 맞는다

세상을 떠난 이가
그토록 살고 싶어 하는
오늘이
너무 무의미해 지고 있다

한 번 가버리면 다시 오지도 않을
이 순간
내게 주어진 시간이 너무 짧다

한 번뿐인 여정에서
할 일을 내일로 미루지 않고
오늘을 즐기면서 맛나게 살고 싶다

길 이야기

당신의 섭리로 만들어 주신 이 몸
동방의 작은 나라에서
고고성呱呱聲을 울렸다

내가 이 땅에 있음에
당신이 어찌 나를 품에 안지 않을 수 있을까?
앞으로 외칠 나의 소리를 당신의 귀에
크게 울리기를 바랄 뿐
하찮은 일에 매이지 않기를 바랄 뿐이다

한국동란으로
황해도 연백에서 뱃길로 여수를 거쳐
인천 송도에 정착하였다

부모님 손길에 이끌리어
인천 답동성당에서
아우와 함께 받은 유아세례
걷는 길은 같았다

초등학교 때
부산으로 내려와 바뀐 환경에서도
이웃에 사는 여학생을 만나면
괜히 부끄럽고 마음이 흔들리기는 했지만
일탈 없이 같은 길을 걸었다

어린 시절
첫영성체를 하고
영적으로 성숙되는 견진성사로 무장하였다

주일학교를 다니며
라틴어를 앵무새처럼 외우며
외국인 사제의 미사전례를 도우며 커 갔다

고등학교 시절
당신을 더 깊이 알고 싶어
교부들의 신앙이라는 책을 접했다

대학입시 준비로
공부에 전념해야 하지만
주일을 지키고 학생회 활동으로
낮에 허비한 시간만큼 밤에 공부를 더하게 되었다

어느 날
나에게 다가온 사제의 길을 거부하였다

고등학교 졸업 무렵
대신학교에 가자는 말에
다시 한 번 갈림길에서 고뇌하였지만
부르심에 따르지 않았다

내 동생은 달랐다
굳건히 걸어오던 길에서 이탈하지 않고
줄곧 같은 길을 걸었다

혼인성사로 가정을 이루고 살라고
사제의 길에서 나를 놓아주셨다
삶의 길이 달라졌다

가장家長이 됐다
젊은 나이에 질곡桎梏에서
버팀목은 신앙의 힘이었다

엄지손가락을 치켜세우시던
꿈속의 아버지
무언의 몸짓으로 의사소통하였다

가방 속
누런 두툼한 봉투가 들어 있었다
신학교에 가고자 한다는
동생의 청원 편지가 들어 있었다

대학 졸업반이었던 동생의
편지 내용으로
나는 눈물을 흘렸다

취업하여 홀어머니를 함께 모시며
가난을 청산하고 싶었던 내게는
청천벽력 같은 소식이었다

비로소
하느님의 숨은 뜻을 알게 되어
나는 사제의 길에서 떠났다

동생은 수도자로서 종신서원 받고
1991년 6월 25일
부산교구장의 주례로 사제서품을 받았다

13년간의 사제생활을 끝내고
2004년 10월 11일 북한산 등반 중
급성 심장 마비로 세상을 하직한 아우였다

사제인 아우는 하늘로 불려갔지만
우리나라 최남단 마라도에는 아우의 흔적인
마라도 뽀르찌웅꼴라*가 그의 손으로 이루어졌다

아우는 사제가 되고
내가 가문의 대를 이어갈 수 있다는 만족에서
살게 되었다

원죄를 가지고 태어난 나
어려움 없이 걷는다면 무엇을 깨달을 수 있을까
죽을 때까지 십자가를 지고
배낭에 고통을 넣고 길을 걷는다

하느님으로부터 1남 1녀의 자식을 선물 받은
나
자식이 태어나 백일 전에 유아세례를 받게 되었고
성당 유치원에 보내며 신앙의 길을 대물림하고 있다

두 살 터울로 아이를 낳아 키우며
공부를 잘하는 아이로 키우고 싶었지만
마음대로 되지 않았다

딸아이는 주일교사로
아들은 대를 이어 미사전례 복사를 시켰다

부모처럼
아들딸 모두 신앙 안에서
혼인성사로 성가정을 이루도록 했기에
나는 줄곧 기쁨에 살고 있다

예고 없이 다가오는 삶의 노도에
포말에 부서지는 시간들
흘러갔다가 다시 돌아와
파문을 일으킬 때
나의 손을 잡아주신 분
어려움의 골짜기에서
여러 번 나를 건져주셨다

아버님 묘소에 성묘하고 난 후
경부고속도로 양산 부근에서
택시와 추돌 없이 지내온 교통사고

남해고속도로 문산휴게소 못 미쳐
정신을 잃은 급정거에도

죽음에서 보호해주신
삶의 인도자
나 어찌 찬양하지 않을 수 있을까?

나를 이 땅에 보내신 뜻을 깨달아 알고
그 길이 가시밭길이라도
묵묵히 그 길을 걸어가고 있다

* 마라도 뽀르찌웅꼴라(portziuncola)는 우리나라 최남단 마라도에 있는 전복 모양의 천주교 성당

존재의 의미

혼돈chaos의 태반을 짊어지고
태어난 지구
슬픔도 기쁨도 없었다

신은 흙으로 인간을 빚어
호흡에 생명을 실어 불어넣고
위대한 의미를 부여하였다

대代를 이어가는 삶의 경이로운 기적이 일어났다

손에 쥐어 준 열쇠로 문을 열었을 때
재灰가 되어 흩날릴 수도 있고
영원의 문을 열 수도 있는 존재가 숨어 있었다

나는 죽어도 살아 있는
위대함 속에서
살아가고 싶다

내가 존재한다는 건

마음의 문을 열면
펼쳐지는 천국의 삶

마음의 문을 닫을 때는
세상은 나를 가두고
지옥의 문을 연다

세상은 나의 삶과 함께하여
내가 존재하는 이유와
목적을 이야기해 준다

무엇보다 소중한 건
내가 존재하고
내 영혼이 숨 쉬고 있다는 것이다

무소유의 연緣

연緣이라는 줄로 이어져
희로애락을 함께하지만
결국 나그네 되어
한 줌의 흙으로 돌아갈 운명

내세가 없다면
허무만 있겠지만
나에게는
돌아갈 본향이 있지 않는가

이름 없이 피었다 지는
풀꽃이 되어
눈 깜짝할 사이 지나가 버리는 삶이라도
소유에 대한 애착을 버리면
마음도 편하고
죽음도 두렵지 않는
무소유의 연緣들이 아닌가

알면서 실천 못 하는 마음
애타기만 하다

생사生死의 도시 바라나시

힌두의 성지인 바라나시
어머니의 강 갠지스에
영혼을 바치는 의식

인생의 종착역을 지나
영생을 찾아가는 길에
타오르는 불길은 영혼의 정화淨化인가

갠지스 강에서 목격한
노천露天 화장 의식이
불교의 다비식 같아 낯설지 않다

삶과 죽음이 넘나드는 도시
이승의 흔적을 지우는 무상無常이
죽음에 대한 상념想念에 빠져들게 한다

빈손 여행

무엇을 가지고 왔을까
가진 것 없이 빈손으로 왔다가
빈손으로 가는 세상

손에 피땀 묻혀가며 세상에서
재물을 많이 모았다고 오래 살고
적게 모았다고 일찍 죽지 않는다

백 년을 겨우 살아가는 인생
천년만년 살겠다고 욕심낸다 한들
삶도 죽음도 하느님 외에는
인간이 멋대로 할 수 없다

연습 없는 단 한 번의 삶
희로애락을 되풀이하다
빈손으로 본향으로 돌아가야 한다

고뇌의 추억

세상의 빛을 맞이하기 전에
죽음을 맞는 수많은 생명들
인생무상人生無常을 실감케 한다

종착역에 닿기 전에
이슬처럼 떠나야 하는 지인知人들
맺어진 추억이 고뇌苦惱의 씨앗이 되어
어두운 그리움으로 자라고 있다

오고 싶어서 온 것도 아닌 세상
왜 이리 아쉬워하고
원망까지 할까?
왔다가 되돌아가는 삶이 미궁으로 뻗힌다

세월 따라

잡을 수도 없고
멈추게 할 수도 없어
스쳐가는 세월

무정한 세월은 쉬지도 않고
기쁨도 슬픔도 안겨주며
구름처럼 바람처럼 지나가고 있다

내 마음은 언제나 그 자리에 있는데
시간은 저만치 앞서서 달려가고
나는 상처투성이로 끌려가고 있다

황혼 길에 접어든 지금
마음에 쌓인 상처를 치유하며
종착지를 향해 말없이 걸어간다

상상想像

흙으로 사람을 빚어서
육신에 숨을 불어넣어
무無에서 유有가 창조되었다

다시 흙으로 돌아갈 나는
유체 이탈로 과거든 미래든
상상의 나래를 달고 어디든 갈 수 있다

별이 되어 우주를 날아다니고
저승 깊은 곳이든 높은 곳이든
물같이 바람같이 오가는 상상을 한다

이승에서 인연을 맺은 이들이
영육을 갖추고 온전히 부활하여
영원불멸의 삶을 누리는 상상도 해 본다

종착역을 향해

긴 여정을 시작하려 기차에 몸을 실었다
쉼 없이 달려와 열차가 멈춰 선 간이역
탈선 없이 무사히 달려왔다

젊음이 넘치는 열차에서
삶의 영원한 동반자도 만나
여기까지 실려 왔다

딸과 아들
사위와 며느리
손녀·손자들
열차의 한 칸을 가족으로 채웠다

가끔 이별의 역을 지나며
고동鼓動을 멈춰 버린 아버님과 아우를
하차시키는 천붕天崩같은 슬픔도 있었다

이제 마지막 남아 있는 역은
미수米壽에 회혼례回婚禮를 올릴 황혼역과
영원한 이별을 나눌 종착역뿐

이제는 미지의 세계로 들어서는
세월의 열차에 탑승한 인생
종착역을 향해 달리고 있다

꽃비 내리는 날

연분홍으로 만개滿開하여
봄바람에 홀연히 사라지는 꽃잎같은
짧은 생애

함박눈처럼 춤추며 떨어진
꽃비 쌓인 연분홍 꽃길을
레드 카펫 밟듯이 경쾌하게 걷는다

겨우내 죽은 듯한 벚꽃 나무가
새잎이 돋기 전에 꽃을 피우고
허망한 꽃비 되어 내리는 날
내 남은 삶에 대해 생각해 본다

연분홍색 꽃잎이 사라진 자리에
연한 초록으로 돋아나는 잎을 보며
죽은 지 사흘 만에
부활하신 주님이 생각나
생동하는 봄날을 희망으로 맞는다

매미의 부활

오랜 기다림의 끝
매미의 우화羽化에서
부활을 본다

짝 찾기 위해
아무리 세레나데를 불러도
생존의 몸부림치는 매미의 울음

처절하게 절규하다
생을 마감하는 매미에게
삶과 죽음의 지혜를 배운다

떠나야 할 때를
알고 있는 매미
짧은 삶이 아쉽다

고사목枯死木

비바람과 눈에도
정원에서 늠름한 모습으로
자란 너

어릴 적 입양되어
한해도 거르지 않고
먹거리를 제공해 주던 너

정원의 다른 가족들은
봄옷으로 갈아입었는데
벌거벗은 몸으로 서 있어
조용히 살펴보면 숨을 쉬지 않구나

고사목이 되어서도
추억을 되새기며
부활의 꿈을 간직한 채
다음 해를 기다리고 있구나

부활

거센 풍파 지나오며
걸어온 발자취
누가 알까마는
시린 발 어디에서 녹여야할까

가을 하늘
흰 구름 흐르듯
정처 없이 흩날리는 가랑잎 하나
훌훌 벗어버린 현실이 애처롭다

물밀듯이 밀려오는
잔잔한 풍랑에 실어 보내고 싶은
조용한 마음

무거운 짐 내려놓고
시간의 뒤안길로 떠나는 길
언젠가 도착할 푸른 봄날에
다시 태어나길 기원해 본다

너를 그린다

한 줌의 재로
바람처럼 이슬처럼
지인들이 떠났다
모두가 떠난다

하루살이 같은 인생
볼 수 없기에 그리움이 찾아오면
깨어날 수 없는 영원한 잠 속에서도
너를 그린다

친구의 이별

스마트폰을 타고
친구의 부음訃音이 흐른다

영원한 이별이라는 상처를
쓰라린 그리움으로 남기고
하늘에 새겨진 별자리를 찾아간다

미사와 기도 모임을 함께하며
형제애를 나눈 기억의 편린片鱗들이
주마등처럼 스쳐 가며 가슴을 아리게 한다

'오늘은 나, 내일은 너'라고 암시하듯
영정影幀에서 웃고 있는 모습이
슬퍼하지 말라고 남아 있는 자들에게 말하고 있다

소풍을 마치다

이 세상에 슬픔만 남기고
본향으로 돌아간 지인

나목裸木처럼
이승에서 소유했던 모든 걸 벗어두고
빈손으로 떠났다

나와 함께 시간을 공유했던 사람들이
하나둘 떠남에 따라
나의 죽음에 대해 생각을 하게 한다

죽음 후에 다가오는 내세來世에서
새로운 시작을 할 수 있을까?

연민의 가을

산과 들을 아름답게 물들이며
우리 곁을 찾아오는
가을에 물들고 싶습니다

고독을 함께하며
의지와는 상관없이
자꾸 우리 곁을 지나치려 합니다

남아야 할 사람
떠나야 할 사람
이별보다 더 큰 슬픔은 없는 것 같습니다

만났다 헤어지고
다시 만난다 해도
가을은 왠지 서글퍼지기만 합니다

시간의 멈춤

시냇물을 거쳐 강물로 변신을 거듭하여
물은 낮은 곳으로 흘러
마침내 바다에 이르러 파도가 된다

몸과 마음도 그대로 머물지 않고
삶이 시간을 타고
물처럼 흐른다

사람마다 느끼는 나이가 다르듯이
그냥 흐르는 것이 아니고
지금 내 남은 시간은 질주를 하고 있다

시간이 멈추면
인생 여정의 종착지고 죽음이지만
또 다른 세상의 시작이라고 믿고 싶다

자화자찬自畵自讚

꽃다운 청춘이 지나
황혼에 접어들었지만
대를 이을 열매를 맺어 후회는 없다

씨앗 뿌려 틔운 싹
꽃피우고 열매 맺기까지
아픔과 고통을 이겨내며 이어온
삶 자체가 경이롭다

젊음의 열정을 불태우며
나이에 매달리지 않고
배움의 끈을 잇고 이어
시인의 길을 걷는 내가 자랑스럽다

서녘 하늘로 지는 태양
내일이면 다시 떠오르듯
이승에서의 마지막까지
부활을 믿으며
아름답게 황혼을 꽃피우고 있다

황혼의 문턱에서

황혼의 문턱에서
노을을 모아 하늘에다
글을 써 봅니다

울면서 태어나서
걸어오는 길에 돌에 채여
발이 붓기도 하였습니다

오해가 쌓여도
풀어헤친 사랑에
젊음이 아름다웠습니다

살아온 삶이 행복했지만
남은 길 위에서
황혼까지 동행해온 여정
얼마나 아름다운 삶이 아닙니까!

지난날 추억이
주마등처럼 지나가는 순간을
가슴에 품어
시詩로 산화시켜 봅니다

황혼을 바라보며

황혼으로 향하는
기약 없는 인생

모진 풍상을 겪고 살아온 길에
마침표를 찍을 때가 다가오고 있다

나이가 많이 들어
모든 기억 잊혀질 때
신이 내게 베푼 은혜를 기억하련다

황혼이 스며오면
애욕愛慾까지 버리고
성숙한 영혼으로 멋진 삶을 살고 싶다

죽음과 부활

상여喪輿를 보면
느껴지는 죽음
땅속에 묻혀야 할 운명들

60여년의 세월 지나
칠순이 되면
태어난다는 소식보다
죽었다는 소식을 더 많이 접한다

하늘에서 떨어지는 유성들
자신의 몸을 다 태워 가며
누구의 품을 향해 달리고 있을까?

끊임없이 떨어지는 별들
하늘은 온통 울음바다가 된다

하얗게 변하며 꼬리만 길게 늘어뜨리고
삶과 죽음의 세계의 선을 그으며 사라지는

망자의 작별
하늘에 남아 있는 반짝이는 별들에게는 슬프기만 하다

아무리 위대한 삶이라도
작은 유골함에 들어가는
허무함만 남을 뿐
슬픔은 순간에서 뛰쳐나와
먼 여정의 길에 오른다

날이 저물고 밤이 와도 변하지 않는 세상
그저 흘러가는 강물처럼
시간은 소리 없이 흐르고 있다

풀잎에 앉았다가 생각 없이 떨어지는 이슬
모든 것이 그저 스쳐 지나갈 뿐
퇴색되는 색깔처럼
언젠가는 잊히고 마음에서 사라진다

존재하는 모든 것은
살아 있을 때 가치가 있고
살면서 차차 풀어지는 인연
존재조차 암울한 기억 속으로 흘러간다

망자는 자신이 망자인지도 모르고
죽음이 두려운 것조차 알지 못하며
그저 먼지 되어 사라질 뿐이다

모든 것 나눠주고
떠나야 할 채비에 바빠지는 마음
슬픔과 그리움은 산 자가 가지는
특권의 애착이다

벌써 가을이 왔는데
아름다운 색깔로 장식된 생애라도
지나온 계절을 되돌아보며
가진 것은 빈손만 남았다

어떨 때는 기쁨을 안고 멋모르고 지났건만
간혹 서글픈 외지에서
혼자 슬퍼하며 보냈던 나날들
추운 겨울 오기 전 걷고 또 걸어가야 했다

낙엽 되어 흩날릴 나의 육체
새로운 계절 같은 저 세상을 맞기 위해
부활의 기회를 가질 수 있을까?

나는 계절 너머로부터 들려오는
소리를 들으려
오늘도 하늘을 향해 귀를 열어 본다

진정한 나의 본향은 어디일까?
공중의 떠도는 먼지와 같은 존재
땅에 내리는 한 방울의 이슬 되어
절대자를 찾게 된다

나는 나 자신의 한계를 깨닫게 될 때
허무한 인생의 길을 벗어날 수가 없는 것을
알았다

만나고 헤어지는 사람들
그저 스쳐 지나가는 인연일 뿐
시간의 흐름에 따라
잊혀질 사람들뿐이다

인간이 우주를 정복한다 해도
죽음을 피할 수 없는 삶
죽더라도 필요한 건 다시 살 수 있는 길을
택하고 싶은 것이
약한 인간이 바라는 당연한 일이 아닐까?

주위에 있는 모든 것들은
우리를 괴롭히려 한다
코비드19의 유행병이 그렇고
더럽혀진 환경이 돌려주는 반응이 그렇다

죽음이 끝이 아니라는 신앙
새 삶으로 옮아갈 수 있는 기회
얼마나 다행인지 모른다

세상의 한 켠에서 존재했다는
감사함이 오히려
나를 부활의 믿음으로 이끌고 있다

자신의 죽음을 예언하고
그 차원을 넘어갈 수 있다면
신의 세계에 들어갈 수 있는
귀한 권한을 가지게 되는 것이 아닐까

생명의 주권을 가지고 있는 자만이 할 수 있는 부활!
나에게는 죽음을 통제할 권리가 없다

전능자全能者의 계획에 일부분이라도
부활을 향해 걸어갈 뿐이다

제 3 부

생의 불길

기지개 켜는 꽃들

매화, 개나리, 진달래가 기지개를 켜고
벚꽃도 꽃망울을 터뜨리기 시작하며
눈부신 봄을 알린다

대문 밖 마당에
홍매화가 먼저 꽃을 피울 때
개나리도 뒤지지 않으려 담 너머 내다 본다

몸을 축 늘어뜨렸던
민들레꽃, 복사꽃, 앵두꽃이
옥상에서 누가 먼저 필지 경쟁을 한다

길가의 벚꽃이 꽃비를 뿌리며
울고 간 자리
내 마음이 잠시 슬픔에 젖어든다

봄꽃들의 향연 속에 있지만
팬데믹으로 얼어붙은 내 마음
봄기운이 차가움을 녹여내듯이
백신으로 잡히는 날이 왔으면 좋겠다

부끄럼 없는 삶

5·18 민주 영령들이
광주 망월동에 잠든지 42년
하늘에 비가 내린다

민주화를 위해 바친 목숨
마음의 빚을 지어서 그런지
내 마음에 먹구름이 가득하다

어제 내린 비가 슬픔을 씻은 듯
티끌 한 점 없는 맑은 하늘처럼
내 마음에 가득한 탐욕을 없앤다

5월 장미 가시에 찔리는 아픔처럼
이웃의 아픔을 함께 나누면서
부끄럽지 않은 삶을 살고 싶다

조팝꽃

파란 하늘에 흰 구름 떠 있고
조팝나무엔 하얀 꽃이 피었다

긴 가지에 가지런히 매달려
살랑대는 바람에 흔들리는 모양
무리 지어 환하게 웃으며
그네 타는 처녀 같다

눈부신 햇살에 미혹迷惑된 나
네 곁으로 가
얼굴 마주대고 함께 그네를 타며 속삭이고 싶다

하얀 나비가 날아와 엿들으며
시샘을 할 때
나는
조팝꽃을 품에 안고 꽃 속의 세상을 읽는다

라일락꽃

젊은 날 교정을 거닐며
너의 향기에 취해
코를 대보기도 하고
입으로 물기도 하며
아름다운 매력에 흠뻑 빠져 사랑에 눈을 떴다

너를 다시 만나고부터 행복에 취해 있다는
그 당시 유행하던 노래처럼
아직 내 마음은 너를 그리워한다

처음 만난 너는
순결의 하얀 꽃이었는데
보랏빛 꽃으로 만났을 때
고혹적 자태를 뽐내고
은은한 향기를 풍기며
내 가슴속으로 파고들었지

잊고 살아온 젊은 날의 추억이 그리워
라일락 향기 흩날리는 날
꽃나무 아래서
달콤한 향기에 취해 사랑을 나누고 싶은데
마음과는 다르게 몸이 주책없다고 흉을 본다

천사의 나팔꽃Angel's Trumpet

유월이 되면
작은 나팔을 가지에 걸어두고
하늘의 메시지를
전하는 천사를
기다리게 된다

땅을 향하여
바람에 흔들리며 매달려 있는
통꽃은 하늘의 이야기를
지상에 전파하는 나팔이 된다

어떤 소식이 들어 있는지
나는
천사들이 불 하얀 나팔꽃에
귀를 대어본다

덧없는 세상일에 힘쓰지 말고
주님의 사랑으로
"아듀, 코비드19!"를 외치라는 소리를 듣는다

정상에 오르는 길

숲길을 따라 걸으면
풀꽃 향기가 코를 찌르고
바람, 새, 물소리가 어울려
장엄한 오케스트라를 연주한다

숲속에서는
하늘을 향해 자라는
나무들만 볼 수 있고
숲이나 산의 전부는 볼 수 없다

산 정상에 올라야
산이 보이고 숲이 보인다

삶의 정상을 오르려면
겉모습보다 내면을 볼 수 있는
고통스런 인내와 용기가 있어야 하지 않을까?

편백 숲에서

흙 내음이 더위에 익어가고
내 몸속으로 파고드는
울창한 편백 숲의 향기

몸속에 닫혀있는 조리개를 열고
숲을 품는다

두껍게 쌓여 있는 욕구의 옷들을
하나씩 벗겨내고
자연으로 돌아간다

외로움과 고독에서 탈출하려
빌딩 숲 사이를 지나
아름다운 코스모스 하늘거리는
가을로 달린다

가을 향기

바람에 실려 온
국화꽃 향기 짙은 날
호젓한 산길을 혼자 걷는다

잎새들의 설렘으로 화려하게 물드는 단풍잎에
가을은 익어가고
하얗게 서리 내린 내 모습이 처량하다

은행잎이 놀라 떨어지면
늘어난 잔주름에 변해가는 모습에
나의 발걸음은 노랗게 물든다

한발 한발 내딛는 발자국에
설움도 기쁨도 함께 어울려
향기 짙은 가을 따라
천성天城을 향하여 길을 걷는다

가을 시화전

코비드19COVID-19가
가을을 칙칙하게 만들지만
아름다운 단풍들이
그대를 초대합니다

가을의 캔버스에
그대를 향한 내 마음
나뭇잎과 꽃잎에 그려 넣습니다

그대를 잊지 못하는
내 마음
시화詩畫로 장식을 합니다

하늘빛이 고운 가을
그대를 만날 기쁨에
마음이 떨리고 설레기만 합니다

낙엽

창문 밖에는
칠흑 같은 어둠 속에서
늦가을을 재촉하는 비가 내린다

비에 흠뻑 젖은 나뭇잎은
지난날 화려했던 모습은 사라지고
길바닥에 누워 뒹굴고 있다

기쁨과 슬픔을 나눌
인연의 끈으로 한데 묶어 놓아도
빗나가는 동행 길

차가운 겨울이 오기 전
행여 먼 후일 다시 만날 꿈을 꾸며
아쉽게 떠나보낸다

코로나19

코로나바이러스의 광풍은
건강을 중시하는 세월로 바꾸어 놓았다

외모를 중시하던 사람들도
마스크에 의존하며 산다

스포츠 경기장에도
공항과 관광지에도
사람 구경하기가 힘들고 마스크만 움직인다

낯설기만 하던 생활 속 거리 두기
마음조차 멀어질까 노심초사하며
북적이던 거리가 적막감에 빠진다

만나는 사람마다 마스크 얼굴이라
악수로 나누던 인사가 눈빛으로 대신 되고
정을 나누던 살맛나는 세상은 언제 올지

국내 여행도
해외여행도 마음대로 다니고
지하철도 버스도
마음 놓고 탈 수 있는 날이 오도록
백신이 빨리 개발되기를 바랄 뿐이다

불행에서 감사로

시간이 정지되는 것을
바랄지도 모르는 현세의 사람들

자신의 생각이 감옥이 될 수 있고
수도원도 되어
불평과 감사의 차이가 여기에 있다

후회와 애착이 스쳐 지나갈 때마다
그림자로 생겨난 소망이
하나씩 무너져 간다

코로나19로 둘러쳐진 감옥에
살고 있지만
감사하는 마음에는
울타리가 없다

죽음이 될 수 없기 때문이다

글 바다에서 시를 낚다

향긋한 바다 내음을 품은
선홍 빛깔의 바다 꽃이
해녀의 물질에 뭍으로 나온다

바다를 한껏 품고 있는
통통한 바다 향이
그대로 입속으로 전해진다

글 바다에서
해산물, 파도, 몽돌이
나의 낚시에 걸려든다

글 바다에 배 띄워
시어詩語를 미끼로 하여
오늘도 시詩를 낚고 있다

전망 좋은 옥상에서

옥상에는
햇볕과 바람이 구름을 초대하여
자연의 아름다움을 노래한다

새들이 날아들어 꽃을 구경하고
텃밭을 일구는 아내의 손길은
하루하루 채소들을 푸르게 한다

여행이 어려운 요즘
코로나19가 극성을 부리는 시기
나만의 휴식처는 어디가 될까?

하늘과 소통하는 공간이나
파도가 넘실거리는 바다
전망 좋은 옥상에서 시간을 즐기는 곳이 나의 휴식처이다

옥상에서 낚는 시詩

구름과 바람, 해와 달과 별
산과 바다, 새와 벌과 나비
옥상에 모두가 모인다

봄여름, 가을, 겨울
낮은 낮대로 밤은 밤대로
옥상에 찾아 든다

좋은 땅에 뿌려진 씨앗은
열매를 맺고
나쁜 땅에 뿌려진 것은
후일 고사枯死할 것이다

언제든 옥상에 오르면
시상詩想의 씨앗들
시詩가 되어 꽃을 피운다

문패門牌

대문에
아버지 이름표가 붙어 있었지만
지금은
그리움만이 흔적으로 남아 있다

집주인이나 셋방살이하는 사람도
문패를 통해서 서신을 주고받던
날들이 있었다

세월이 변하여
아버지 문패가 있던 그곳에
대를 이어 내 이름이 달렸고
도로명 표지판과 함께 버티고 있다

재개발의 바람은
아파트가 벌집 같이 들어서고
숫자로 내 집을 표시하겠지만
내 마음엔 아버지의 문패가
영원히 자리하고 있다

탱고

강렬한 눈빛과 몸짓
욕정이 충돌하는 춤

몽환적 음악에
붉은 앵두 같은 입술과 날씬한 각선미는
사람들의 시선을 훔치기에 충분하다

유유히 흐르는 황토색의 라플라타 강도
탱고의 감미로운 선율과 몸짓으로
도미노처럼 나의 마음을 흔든다

매혹적인 정열의 춤
탱고가 세상을 유혹한다

해무海霧 단상斷想

해운대의 안개구름이
마린시티 마천루를
송두리째 품에 안았다

빌딩 상층부만
안개구름 위로
연신 숨바꼭질을 한다

숨어 있는 풍광을
렌즈에 담고
내 마음을 꿰뚫어 본다

정체성을 지키려
아무리 애써도 무의미한 술수에
넘어가지 않으려 애쓰고 있다

생의 불길

아무리 삶이 욕망에 물들어
차가워져도
내 마음에 꺼져가던 불씨 하나
곱게 살려
눈을 녹이고
차가운 얼음 조각조차도 녹이고 싶다

식어 가던 믿음에 불을 지펴
잊어버린 삶의 의미를 생각하면서
끝없는 사랑의 불길을 일으키고 있다

생의 마지막 불길을 단풍잎에 그려 넣어
알고도, 모르고도
지은 죄
하나하나 태우기 시작한다

성령의 불길이 늦가을을 태운다

새 생명이 태어날 계절을 그리며
살아갈 때에
훈훈한 바람은 구원의 불길로
나를 태운다

흐르는 물은 경계가 없다

경계 없이 흘러가는 물줄기
세월에 녹아들어
정情과 사랑을 나타낸다

가끔 마음에 서글픈 틈이 생길 때도
그 사이로 경계를 만들지 않고
인정이 스며든다

스스로 만든 규제에 갇혀
자괴감에 함몰되어 가는
나 자신이 부끄럽다

마음대로 흐르는 물처럼
얽매이지 않는 몸짓으로
경계를 허물고 흐르고 싶다

제 4 부

황혼의 사랑

추억의 그 시절

잘록한 허리 선線은 어디 갔는지
뭇사람의 시선을 빼앗던
에스 라인S line은 보이지 않는다

짧은 스커트에 사뿐히 걷던 걸음
시선을 한몸에 받고 다녔는데
펑퍼짐한 옷차림이 웬일이냐?

긴 머리에 갸름한 얼굴
장밋빛 뺨, 붉은 입술이 고왔는데
긴 세월에 주름진 얼굴이 가슴 아프다

옛 모습은
퇴색된 앨범 속 사진에서 찾아보며
고운 모습으로 나이 들면 좋겠다

연애 시절

동반자 될 것을 우기며
훔친 입술

밤늦게
돌아온 집에서
아쉬움에 손 편지를 쓴다

시간이 지날수록
가슴에 가득한 기쁨
첫 키스의 여운을 지울 수 없다

시인이 된 오늘날
꿈처럼 찬란했던 그때의 그리움은
아직도 시와 함께 살아 있다

늦깎이 대학생

머리엔 허연 서리
이마엔 내 천川 자가 새겨져도
대학을 두 번이나 다니며
마지막 열정을 불태우는
황혼의 시인의 눈에는
노을은 더욱 아름답게 보인다

지역 노인대학을 마다하고
함께 늦깎이 대학생이 된 부부
국립 한국방송통신대학교가 고맙다

몸은 늙어도 마음은 청춘
우린 건강하게 살며
부러웠던 CC.*의 삶을 즐기고 있다

* CC. : 캠퍼스 커플(Campus Couple)

중후重厚하게 무르익기

우아優雅한 멋을 풍기거나
자애로운 사람으로 변신할 수 있다면
중후重厚하게 익어 가는 게 아닐까

사랑을 하면
몸과 마음이 변하는 것 같이
좋은 사람과 만나
중후하게 익어 갈 지름길이 된다

고희를 바라보는 나이에도
늦깎이 학생으로 창작활동을 하며
마음은 언제나 젊고 곱게 익어 가고 있다

벼 이삭도 익으면 고개를 숙이듯
늙음을 겸허히 받아들이고
노신사로 중후하게 무르익고 싶다

연리근連理根

하늘을 품고 땅을 안아도
불어오는 바람 앞에 흔들리며
서로의 마음에서 생겨난 상처들
이해와 위로로 한 몸을 이루었네

반평생 가까이
한마음으로 함께 살아온
당신과 내가 하나 되었네

서로 다른 뿌리를 두고 자라온 나날
장자산* 산행 길에
연리근連理根이 나를 보고 싱긋 웃고 있네

신이 동여매어 준 믿음과 인연
떼어놓을 수 없는 몸과 영혼
아낌없이 다 바쳐 살아가려네

* 장자산 : 부산의 이기대와 신선대를 병풍같이 두르고 있는 산(225m)

바닷가에서

바다 내음은 해조음을 타고 와
텐트 속으로 스며들고
틈 사이로 들어온 햇살이
내 몸을 어루만진다

파도 소리에 몸을 맡긴 채
가쁜 숨을 내쉬는 나를
자연인으로 돌아가게 한다

나는 상상의 날개를 타고
바다 위에서 파도타기도 하며
흰 구름 속을 날기도 한다

도시에서 절은 몸을 잠시나마 풀고
해변을 벗 삼아
자연과 함께 꿈을 꾸다

방갈로에서

화창한 오월
나이를 잊게 하는 설렘으로
아내와 함께한 바닷가 방갈로

신혼 시절의 모습은
온데간데없어도
마음만은 젊은 시절 그대로이다

파도는 갯바위를 타고 올라
백사장으로 돌진하는 모습
젊은 시절 아내를 향한 나의 열정 같다

바닷가에서
젊은 날을 회상하며
세월의 무상함을 느끼고 있을 때
새들은 방갈로 창문으로 우리를 엿보고 있다

당신

함께 있는 것만으로도
행복에 겨워하던 당신
신혼 시절이 부럽다

짙은 립스틱에
짧은 치마와 긴 부츠 신고
여행을 떠나자던 당신

언제나 이해하고 인내하며
살아온 40년 연륜이 몸에 밴
인자한 당신

예전 모습은 온데간데없어도
황혼에 접어들어
당신이 있어 행복하기만 하다

세월

다가올 내일을 향해
쉼 없이 흐르는 세월

어느덧 머리에 쌓인 하얀 눈雪과
이마에 주름을 보면
허무감이 엄습한다

바람에 실려 흐르는 구름처럼
잡을 수도 멈출 수도 없는 시간들
벌써 모래알처럼 다 빠져나간 오늘

앙상한 겨울 나목같이 찾아온 황혼
아련한 추억들을 회고하며
나는
구름 너머에 있는 세상을 상상해 본다

살아 있을 때

살아도 언젠가 헤어져야 하는
함께한 인연만
남는 내 마음

지금 이 순간
다시 오지 않고
가 버린 사람도 돌아오지 않는다

상처를 주고받고 살아온 세월
그리움 속에서
깨달을 때는 후회가 찾아든다

새해엔

신축년辛丑年 첫날
해맞이 명소가 폐쇄되어
새해 일출을 옥상에서 맞이한다

코비드19로 해맞이에 들떠있는 사람도 없이
수평선 너머 치솟은 해가
빌딩 숲 너머 산등성이로 얼굴을 내민다

새해 첫 손님으로 찾아온 비둘기와 해를
렌즈에 담으며
나의 삶을 바꿔 놓고 있는
코로나바이러스가 하루빨리
지구촌에서 물러가기를 바란다

새해엔
지긋지긋한 코비드19에서 벗어나
마스크를 벗고 활짝 웃는 모습으로
아내와 함께 잃어버린 여행을 하고 싶다

아내에게

죽음이 우릴 갈라놓더라도
하늘의 뜻으로 받아들이고
슬퍼하지 맙시다

신이 맺어준 짝으로
이승에서 살았으니
하늘에서 다시 만나리라 확신합니다

내가 반짝이는 별이 되어
그리울 때 쳐다보고 대화를 나눠요

당신이 내 곁을 떠난다 해도
기도 속의
추억에 젖어 살렵니다

당신이 그립습니다

당신의 그림자조차
그리울 때가 있습니다

내가 살아 있어
기억할 수 있는 한
당신이 그리울 것입니다

나를 잊어
기억하지 못한다고 해도
당신이 그립습니다

당신과 함께한 날들이
회한의 눈물로 넘쳐흐르며
당신이 그리울 때가 너무 많습니다

황혼의 사랑

뒤돌아볼 겨를 없이
앞만 보고 달려온 세월
황혼만 짙어지고 벌써 어둠이 다가온다

이룬 것보다 잃은 것이 많은
황혼의 사랑

가슴 속에 숨겨 왔던 작은 불씨
불꽃 튀는 눈빛을 마주하는 순간
운명 같은 사랑이 찾아오면 어찌해야 할지

황혼의 나이에도
본능인가
끈적한 욕정인가
버려야 할 욕구조차 숨길 수 없다

선線을 넘다

바람이 새어들고
구름이 넘지 못할 경계가 없다지만
선線을 쉽게 넘나드는 명분이 어디 있을까?

사랑이란 이름으로 선을 넘고
구름에 노을을 덧칠하듯
합리화하는 버릇은 어디에서 배웠을까

당신의 체온을 느꼈던 밤
끄무레하던 하늘이 겨울비를 뿌리고
들창을 막은 얇은 한지가 바람에 떨었다

겨울을 버티고 터진 꽃봉오리도
세월의 흐름에 열정은 시들고
마음속에 새겨진 아킬레스건이 쓰리다

늦가을 풍경

길가의 나무가 온몸을 노랗게 물들여
행인을 유혹하고
잎사귀는 열매를 만들기에 바쁘다

사랑의 열기를 확인하려는 듯
연인들은 추위에 서로 팔짱을 끼고
걷는 모습이 사랑스럽다

도로변 카페에
창문으로 흘러든 햇살은
실내를 밝게 비추고
실내조명은 커피 잔에 스며들어
커피향을 돋우고 있구나

홀로 커피를 마시는 내 모습이
안쓰러웠는지
벽걸이 화폭에서
우아한 여인이 나와 함께하려는 듯
그림에서 뛰쳐나오려는 듯하구나

댄스 스포츠를 배우며

실버 세대가 되어
화백*으로 불리기도 하고
지공대사*란 별칭도 생기고
들어보지도 못한 호칭이 생겼다

어느 날
실버 대학에 호기심으로 갔다가
대부분 여든 넘으신 어르신들이라
때가 덜되었다고 느껴 도망질치듯 나왔다

댄스 스포츠를 가르쳐 준다는 말에
부부 함께 자신감을 얻어
댄싱 킹의 꿈을 꿔 보며 도전해 보지만
몸치라 스텝이 꼬여 파트너의 발을 밟기도 한다

춤바람이 난다고 해서
댄스를 색안경 끼고 봤는데
부부 함께하니 정情도 깊어지고
삶에 행복한 신바람이 불어온다

* 화백 : 화려한 백수
* 지공대사 : 지하철 공짜로 타는 사람을 높여 이르는 말

어머니의 침묵

6·25전쟁이 한창인 1·4 후퇴 때
황해도 연백에서 피란 내려오신 부모님
휴전 협정을 맺은 그해 11월
태어난 나

첫딸을 잃은 피란길
장남이라 궁핍한 생활에도 흰밥 먹이며
귀하게 키웠다는 전언

성장하면서
한 번도 어머니로부터
꾸지람이나 잔소리를 듣지 못해
무관심한 걸 보면
나를 주워 키웠나 생각도 했다

어머니가 입원 후
암癌 수술한 데도
코로나 팬데믹으로 면회를 할 수 없어

애태웠지만
떨어져 있으면서 사랑을 느끼게 해 준
어머니의 무언의 의미를
내 나이 칠순 되어 겨우 알았다

발문

세월이 흐를수록 익어 가는 신앙적 시심詩心

- 민훈기 시인의 시집 "현絃의 소리"를 읽고 -

최 원 철 (시인, 수필가, 부산대 명예교수)

일반적으로 신앙인이 시詩를 쓴다는 것은 쉽고도 매우 어려운 일일지 모른다. 신앙인이 좋은 시詩를 쓸 때는 시인이 가지고 있는 많은 신앙적인 사상이나 개인이 가지는 신앙적 감정을 여과시켜 그것을 예술적으로 용해시켜 새로운 시적 표현의 색채와 향기를 지녀야 좋은 시詩가 될 수 있기 때문이다. 종교심을 내포하고 있는 시詩는 삶과 영혼의 세계에서 인간의 본질, 혹은 근원적인 문제에 접근이 있어야 한다고 본다. 그리고 시인은 마땅히 시詩를 쓰는 목적에 대한 좌표를 가져야 한다. 우리가 보는 환경에서 일어나는 모든 것을 그냥 묘사에만 머무르지 않고 시인은 근본적으로 행복을 추구하고 전쟁도 빈곤도 없는, 더 나아가 고통이 없는 천국과 같은 삶을 추구해야 할 것이다.

시詩의 내용에 있어서 시인이 바라는 삶의 욕구를 추구하며 그것을 노래하는 형태와 고요한 마음으로 사물이나 내적으로 일어나는 현상을 관찰하거나 비추어 보는 형태가 있다. 그리고 시인의 내면에서 일어나는 욕망, 의지, 지적인 아름다움을 노래하는 치유적인 형태가 있는 것이다.

특히 신앙인의 시인이 가지는 치유라는 것은 기독교적인 구원救援과 비슷할지도 모른다. 일반적인 구원救援의 의미와 다르기 때문이다. 의사들은 직접 수술대에서 수술해서 치유를 할 수 있으나 신앙인의 시인들은 사람들의 아픔이나 괴로움을 함께 노래하며 친화적인 입장에서 위로하며 쾌유케 하는 것이다. 시인은 맑은 마음을 소유하지 않으면 대중과의 공감을 가지기 어렵다.

내가 민훈기 시인을 만날 때마다 문득 떠오르는 것은 민 시인의 아우인 민 요셉 신부다. 민 요셉 신부님을 내가 본 적도 만난 적도 없다. 그러나 그가 살아 있을 때에 해 놓은 업적 때문이다. 마라도 뽀르찌웅꼴라인 마라도 성당이다. 아마도 제주교구의 모슬포 성당이 지금 관할하고 있다고 들었다. 아마도 민훈기 시인의 아우의 바람이 민훈기님을 시인이 되게 했는지도 모른다.

민훈기 시인은 어디를 여행하나 그의 마음속에는 항상 구원救援의 시상詩想을 지니고 있을 것이다. 민훈기 시인의 대표시를 소개하고자 한다.

가야금과 야트카yatga*의 아름다운 소리에
천상에 사는 천사들은
바람을 타고
몽골 대평원 숲에 내린다

천사들과 함께
환희의 춤을 추기 시작하는 숲
사랑의 날개는 대평원을 덮고
멀리서 바라보는 임에게 손짓을 한다

현絃은 점점 온몸으로
천상의 노래를 연주한다
바라는 임의 노래도 함께 어울려
끝없는 초원을 달리고 있다

노래가 지나는 곳마다 숲이 생기고
사랑의 노래도 들려오기 시작한다

현絃은 미움과 질투를 밀어내고
내 마음속을
천상의 노래로 가득 채운다
끝없는 대평원 위에서…

* 야트카(Yatga, 야탁) : 몽골의 장방형의 지터(zither)류 현악기

- 「 현絃의 소리 」의 전문 -

민 시인이 어떠한 여행에서라도 그의 정신세계가 가지고 있

는 좌표가 종교적 신앙심을 떠나지 않는다. 몽골의 대평원에서도 무한히 펼쳐있는 신앙의 문을 열고 있다. 첫 번째 연에서 **"가야금과 야트카yatga*의 아름다운 소리에 /천상에 사는 천사들은/바람을 타고/몽골 대평원 숲에 내린다"**고 했다. 새롭게 대하는 가야금과 야트카로 연주하는 소리를 들었을 때 하늘의 천사들이 시인이 여행하고 있는 몽골 대평원의 숲에 내리는 것과 같은 느낌을 민 시인이 가지고 있다. 시인은 자연을 신의 피조물로 보고 자신이 가지고 있는 신앙심의 눈으로 신神과의 교신을 시도한 것이 아닌가 생각된다. 곧이어 시인은 **"천사들과 함께/환희의 춤을 추기 시작하는 숲/사랑의 날개는 대평원을 덮고/멀리서 바라보는 임에게 손짓을 한다"**라고 노래한다. 시인의 내적 신앙심이 예술로 승화되기 시작한다. "천사들과 함께" 춤을 추고 시인이 서 있는 대평원에서 그리운 임에게 손짓까지 한다. "임"이 하느님이 될 수도 있고 자신이 가장 사랑하고 있는 아내가 될 수도 있다. 읽는 이로 하여금 각자의 형편에서 읽고 해석하게 된다. 이렇게 될 때 각기 다른 형편에 서 있는 독자와의 공감을 일으키게 될 것이다.

위의 시詩에서 듣는 노래는 사랑하는 "임"과 함께 더욱더 짙어지는 신앙심의 노래가 된다. 이러한 신앙적인 시인의 노래가 **"끝없는 초원을 달리고 있다"**고 고백한다. 이 시편에서 놓칠 수 없는 부분이 **"노래가 지나는 곳마다 숲이 생기고/사랑의 노래도 들려오기 시작한다"** 라는 연일 것이다. 민 시인은 대평원의 여행조차 신을 노래하는 마음을 늦추지 않고 있다. 마지막으로 현絃이 내는 소리는 인간이 가지는 미움과 질투를 밀어내고 천상의 노래로 가득 채우고 있음을 노래한다.

민 시인은 자신이 처해 있는 삶에 대한 존재의 의미를 외면하지 않고 본연의 의미를 찾으려는 면모를 보이고 있다.

혼돈chaos의 태반을 짊어지고
태어난 지구
슬픔도 기쁨도 없었다

신은 흙으로 인간을 빚어
호흡에 생명을 실어 불어넣고
위대한 의미를 부여하였다

대代를 이어가는 삶의 경이로운 기적이 일어났다

손에 쥐어 준 열쇠로 문을 열었을 때
재灰가 되어 흩날릴 수도 있고
영원의 문을 열 수도 있는 존재가 숨어 있었다

나는 죽어도 살아 있는
위대함 속에서
살아가고 싶다

-「 존재의 의미 」의 전문 -

존재는 혼돈 속에서 시간과 공간에 의해 질서가 잡힌다. 그 질서라는 것은 슬픔과 기쁨이 없는 존재의 의미만 가질 것이다. 여기에서 시인은 시詩를 통하여 무미건조한 질서의 벽을 두드려 존재의 의미를 찾아내는 것이다. 이것은 이러할 때 존재의 가치가 형성되고, 그 가치가 삶을 설명하게 되리라 믿는다.

민훈기 시인은 **"혼돈chaos의 태반을 짊어지고/태어난 지구"**이기에 여기에는 **"슬픔도 기쁨도 없었다"**고 했다. 존재의 의미는 "신"이 **"호흡에 생명을 실어 불어넣고/위대한 의미를 부여"** 했을 때 화석화된 의미가 꿈틀대며 살아난 것이다.

그리고 존재의 의미를 일순간에 머물고 없어지는 것이 아니라 여기에서 매우 중요한 존재의 의미를 찾을 수 있다. 즉 **"대代를 이어가는 삶의 경이로운 기적"**에 있다. 민훈기 시인은 존재 가치를 영원과 연결을 시키고, **"영원의 문을 열 수도 있는 존재"**로서 **"나는 죽어도 살아 있는/위대함 속에서/살아가고 싶다"**고 노래하고 있다. 이런 점에서 시인의 존재 의미를 정리하고 있다.

민훈기 시인은 제1부에서 지금까지 대자연에서 일어나는 현상을 작은 악기의 현絃에서 울려 나오는 미세한 소리에서 천국의 노래로 듣고 제2부에서는 혼돈에서 존재의 의미를 불러내었다. 이를 토대로 하여 그의 제3부의 시편에서 삶을 살아가는 "생의 불길"을 노래하고 있다.

아무리 삶이 욕망에 물들어
차가워져도
내 마음에 꺼져가던 불씨 하나
곱게 살려
눈을 녹이고
차가운 얼음 조각조차도 녹이고 싶다

식어 가던 믿음에 불을 지펴
잊어버린 삶의 의미를 생각하면서
끝없는 사랑의 불길을 일으키고 있다

생의 마지막 불길을 단풍잎에 그려 넣어
알고도, 모르고도
지은 죄
하나하나 태우기 시작한다

성령의 불길이 늦가을을 태운다

새 생명이 태어날 계절을 그리며
살아갈 때에
훈훈한 바람은 구원의 불길로
나를 태운다

-「생의 불길」의 전문 -

민훈기 시인은 먼저 존재의 본연을 신앙심에서 찾아내려고 쓴 작품이다. 삶이 욕심과 욕망으로 점철되어 가는 현장에서 자신의 마음에 작게 남아 있는 신앙심의 불씨를 "**곱게 살려**"

"잊어버린 삶의 의미를 생각하면서/끝없는 사랑의 불길"로 살려는 마음을 가지고 있다. 신앙인들이 삶을 살아갈 때 먼저 **"알고도, 모르고도/지은 죄/하나하나 태우기"** 위해 회개가 필요함을 간접적으로 묘사하고 있는 듯하다. 시인이 어느덧 가을을 맞이하는 나이에서 **"성령의 불길이 늦가을을 태운다"**는 생각에 이 시詩를 써가고 있을 것이다. 그래서 다시 다가오는 새로운 계절을 그리며 **"구원의 불길"**로 자신을 태우고 있다. 여기에서는 종교적인 노출이 눈에 띄기는 하지만 적절한 시어의 구성으로 신앙인으로서 시인의 기교가 돋보인다.

민훈기 시인은 살아오는 삶을 하느님에게 맡기고 살아오는 성직자 같다. 한 걸음 한 걸음 내딛는 곳마다 신의 섭리와 사랑을 느끼며 걸어왔다. 이 삶이 곧 시詩다.

나는 민 시인을 만나서 그의 삶의 여정을 들었다. 성직자가 되려고 하다가 아우가 성직자 되었고 민 시인은 세상과 더불어 살려고 결심한 것을 알게 되었다. 시인은 김옥희 여인을 '첫사랑'으로 맞이하고, 신앙의 가정을 이루어 4대까지 한 지붕 밑에서 시어머니를 모시고 살아온 아름답고 착한 아내와 행복하게 살아온 이야기를 들었다. 현대인으로서는 보기 드문 가정이 아닐 수 없다. 민훈기 시인의 가정은 신앙심으로 엮어진 삶이다. 그 신앙심 속에서 신앙적 시詩가 나오게 되는 것이 당연한 일인지도 모른다.

민훈기 시인의 삶은 끝없는 사랑의 평원을 걷고 있을 것이다. 그는 여태까지 살아온 과거를 되돌아보며 황혼의 사랑을 노래하고 있다.

뒤돌아볼 겨를 없이
앞만 보고 달려온 세월
황혼만 짙어지고 벌써 어둠이 다가온다

이룬 것보다 잃은 것이 많은
황혼의 사랑

가슴 속에 숨겨 왔던 작은 불씨
불꽃 튀는 눈빛을 마주하는 순간
운명 같은 사랑이 찾아오면 어찌해야 할지

황혼의 나이에도
본능인가
끈적한 욕정인가
버려야 할 욕구조차 숨길 수 없다

-「황혼의 사랑」의 전문

민훈기 시인은 살아온 길을 내부의 성찰로 자신을 바라보고 있다. 정신없이 살아온 시간에 어느덧 **"황혼만 짙어지고 벌써 어둠이 다가"**옴을 느끼며 참다운 사랑이 무엇인지를 음미하게 한다. 시인이 사랑하며 살아온 것에 대하여 **"이룬 것보다 잃은 것이 많은/황혼의 사랑"**이라고 말한다. 즉 **"황혼의 나이에도/본능인가/끈적한 욕정인가/버려야 할 욕구조차 숨길 수 없다"**

고 고백하고 있다.

민훈기 시인은 시詩를 신앙의 투망으로 끌어 올리고 있다. 거기에는 슬픔도 괴로움도 다 끌어모아 진지한 삶이 무엇인가를 노래하고 있다. 시인이 시詩를 쓴다는 것은 펜으로 괴로움을 하나씩 지워나가며 아름다운 미래를 섬세하게 묘사하며 더불어 자신을 통찰하고 있다.

민훈기 시인은 세월이 흐를수록 성숙해 가는 신앙적 시심詩心을 가지고 있다. 민 시인은 상상력의 세계에 들어가기도 하고, 사랑의 세계에 들어가 삶의 기쁨과 고통을 느끼기도 한다. 그래서 조화로운 시詩를 탄생케 하기도 한다. 우리들은 삶 속에서 일어났던 철학적인 지식과 종교적인 사상으로 영혼의 세계의 문을 열고 들어가 신비스런 시詩의 세계를 탐색하려는 의도를 가지게 된다. 시詩의 세계는 넓고 무한하기 때문이다.

앞으로 민훈기 시인은 아름다운 상상과 신비가 존재하는 시詩의 세계에서 시詩를 짓고 모든 사람이 추앙하는 훌륭한 시인이 되기를 바란다.

현絃의 소리

2022년 11월 11일 인쇄
2022년 11월 16일 발행

지은이 | 민훈기
펴낸이 | 박중열
펴낸곳 | 다솜출판사
부산광역시 중구 대청로 135번길 10-1
TEL.(051)462-7207~8 FAX. 465-0646
등록번호 1994년 4월 22일 제325-2001-000001호

정가 12,000원

ISBN 978-89-5562-729-9 03810